ティク・ナット・ハンの抱擁《ほうよう》

［著者］ティク・ナット・ハン
Tich Nhat Hanh

現文メディア

目次

ティク・ナット・ハンの『抱擁《ほうよう》』

4月

5月

6月

7月

8月

9月

10月

11月

12月

解説

はじめに

すべての人々の幸福な未来のために

私たちが今の暮らしを続けるならば、私たちの文明は破壊されてしまうでしょう。既存の人生観や、私たちの態度を見つめ直さなければなりません。私たちは地球を救うために、心の底から、その責務を感じなければならないのです。

地球温暖化について知らない人はいません。二酸化炭素の排出量を減らさないかぎり、惨事《さんじ》を防ぐことができないことは誰もが知っています。しかし、自分の利益だけを目的として、地球の資源を浪費する人もいます。彼らは地球が迎えつつある破局的な結果に対して、少しも関心がないのです。彼らは、私たちの子供だけでなく、自らの子供が生きていく生活空間についても、何ら熟慮《じゅくりょ》していません。

私たちは、恐怖と自己懐疑《かいぎ》による不自由な人生を生きていく代わりに、今、この瞬間をどう生きていくかについて学ばなければなりません。「瞬間」に集中する修行《しゅぎょう》が、そのような人生を歩めるよう助けてくれるのです。

私たちの意識が変わりさえすれば、社会を変化させることができます。私たちは、人がこの瞬間というものを意識できるよう助けてあげなければなりません。仏教での意識とは、いま起きていることを自覚する、目覚めた心を意味します。今この瞬間、起きていることは、地球がだんだん暑くなってきているという事柄です。

現在を生きている人もいれば、急いで未来に向かっていく人もいます。また自分自身と環境、そして地球をどう保護すればいいのか分からない人もいます。私たちには未来が残っています。だとすれば、その未来をどうやって可能なものにすることができるでしょうか。その未来は、私たちが「この瞬間」の人生をいかに管理し、運営していくかにかかっているということを意識しなければなりません。人生を変化させる方法を通して、他の人に、未来は可能だという事実を私たちは見せてゆきたいのです。

私はフランスにある、瞑想《めいそう》共同体、プラム・ヴィレッジ（Plum Village、すもも村）に住んでいます。アメリカとヨーロッパにいる私たち、そしてすべての仲間たちが、「ノーカー・デイ（車のない日）」、すなわち車を利用しない日を導入することにしました。私たちは、インターネットのサイトを通して、全世界にいる私の友人に「ノーカー・デイ」に参加することを要請しました。わずか四週間だけで四千人もの人が参加し、彼らは週に一度、車に乗らないことになりました。意識、洞察《どうさつ》、悟りは伝染しますが、私たちがそれを実践しなければ、何の役にも立ちません。人間は単純かつ幸福に暮らすことができます。プラム・ヴィレッジと、他の瞑想《めいそう》センターの僧侶《そうりょ》と尼僧《にそう》は、このような希望を実現しようとしています。私たちの中には誰も、個人的な自動車や銀行口座、コンピューター、携帯電話をもっている人はいませんが、何の問題もなく暮らしています。そればかりでなく、私たちの顔には笑顔が満ちあふれているのです。

私は、二〇〇六年、パリで開催されたユネスコ会議に参加しました。そこで私は、心の中に抱いていた次のいくつかの考えについて話をしました。

一つは、私たちの状況と関連し、人類すべてが意識をもつよう、全世界的に「ノーカー・デイ（車のない日）」を導入しようということです。

二つ目は、「心の平和研究所」設立に関することです。私たちはどうすれば肉体的、精神的、心理的に平和になり得るでしょうか。「心の平和研究所」は、既存の研究所とは異なります。ここでは、心の平和を「研究すること」に没頭するのではなく、「心の平和を修行すること」を重要視します。どうすれば、心の平和を見いだすことができるでしょうか。どうすれば、煩悶《はんもん》に囲まれている人たちに、心の平和を見いだせるよう、お手伝いできるでしょうか。

私たちは、パレスチナの人とイスラエルの人をプラム・ヴィレッジに招待し、一緒に修行することを時々していました。初め、彼らは苦悩、憎悪、怒りのために、お互いに目も合わせようとしませんでした。彼らは互いに緊張した面持ちで、そして懐疑《かいぎ》と疑心に満ちていました。

一週目、私たちは、彼らに呼吸の瞑想《めいそう》と歩く瞑想《めいそう》を通して、肉体の緊張をほぐす方法を示しました。心を集中して歩きながら、その一歩一歩に意識を集中してそれを楽しむ修行でした。彼らはまた、心を集中して食事する方法を学びました。そして食事の瞑想《めいそう》を通して、いのちの偉大さを悟りました。私たちはニンジンを見て、それが天と地の贈り物だということが分かります。私たちはそのニンジンの背後に、雲や雨、そして耕作者、農夫の姿が見えます。宇宙が私たちを養っています。私たちの食べるパンは、全宇宙の肉体です。このような修行を通して、私たちは、私たちの中にある、愛と感謝の種に水を与えるのです。

一週間後、私たちは心を集中する修行を通して、パレスチナの人とイスラエルの人が、彼らの中に巣くう怒り、懐疑《かいぎ》、憎悪、苦悩の感情をどのようにすれば知ることができ、また心の緊張をどのようにすればほぐせるか、肉体的、心的にいかに軽くすることができるかを見せてあげました。私たちはそのような否定的な感情に対する対処方法を知らなければなりません。特にそのような感情が強い時には、なおさらなのです。ある人は、世の中の煩悩《ぼんのう》から抜け出す唯一の脱出口として、自殺を考えます。ある人は、周囲の人や社会に暴力を加えます。仏陀の教えは、修行を通して、いかに私たちが苦悩を悟り、それを快く受け止められるか、また自らの感情をどうすればコントロールできるかを示してくれています。

その後も引き続き、私たちはパレスチナの人とイスラエルの人に、思いやりの気持ちにあふれた敬聴《けいちょう》と、愛情のこもった話法を修行させました。パレスチナの人は、彼らの悩みについて語りました。私たちは彼らに、胸の中のわだかまりをすべて吐き出せるように、勇気を与えました。しかし、他人に責任を転嫁《てんか》することも、辛辣《しんらつ》な意見を言うことも、非難や、判断をすることもいけないと指導しました。そうすれば、相手方が思いやりの心で、またオープン・マインドで聞くことができるのです。

このような修行は、あらゆる葛藤《かっとう》を解消するのに役立ちます。彼らが心のわだかまりをほぐし、平和な気持ちをもてるように、私たちは、彼らにつらい話をすべてするように言いました。そして、私たちは静かに座っていました。しかし、これは私たちが思いやりの感情をもっている時にだけ可能なのです。でなければ、私たちの心の中で怒りの気持ちが大きくなり、それ以上注意深く敬聴《けいちょう》できなくなるからです。たとえ、相手側が、自らの判断基準で話したとしても、間違った視点で話したとしても、私たちは常に思いやりの心で敬聴《けいちょう》する修行をしなければなりません。

相手の間違った言葉を正すために彼の言葉を遮れば、その瞬間、敬聴《けいちょう》は論争となってしまいます。敬聴《けいちょう》というのは、相手が心のすべてを打ち明け、煩悶《はんもん》から解放されるようにしてあげる練習です。私たちは敬聴《けいちょう》するとき、それを考えなければなりません。私たちは思いやりの気持ちにあふれた一時間の敬聴《けいちょう》を、相手に贈るのです。そしてその話を聞きながら、彼に対する私たちの間違った認識についても、正すことができるのです。私たちはまた、自分たちの痛みを話す時間をもちます。これを忘れなければ、私たちは思いやりの感情を持続することができるのです。

このように、私たちは彼らに、「愛をもって語り、相手の立場に立って敬聴《けいちょう》する方法」を教えました。このような修行を通して起こった変化に、私たちは明確に気づくことができました。彼らは、自分だけが苦難に遭遇しているのではなく、相手方も同じ苦痛を味わっているのだということを悟ったのです。彼らの子供たちも、私たちの子供たちも同様に、全く同じ苦痛を経験しています。彼らは初めて、互いを人間として認識し始めたのです。このように彼らは相手を、完全に新しい目で見ることができました。憎悪と恐怖の目ではなく、思いやりの目でもってです。この修行は断絶してしまった対話の糸口を、もう一度つかむのにとても効果的です。

私たちは相手に対し、間違った認識をもっていることを知っています。もちろん、相手も同じです。私たちは修行を通して、相手に対する間違った認識をなくすことができます。イラク戦争も間違った認識により勃発しました。人は自分自身と、相手に対する間違った認識ゆえに、互いに殺し合います。このような間違った認識は、武器でなくせるものではありません。それは、愛のこもった言葉を発し、思いやりの心で敬聴《けいちょう》するとき、なくすことができるのです。

残念なことに、多くの政治家たちは心を修行する機会がありません。ですから私たちには、「心の平和研究所」が必要なのです。誰もがそこに来て、からだの平和、心の平和を見いだす方法を学ぶことができます。また誰でも、間違った考えを正すことのできる対話方法を学ぶことができます。もしユネスコがそのような研究所を設立するなら、私たちは研究所を支援し、ダルマ（Dharma:「法」を意味するサンスクリット語。ダルマは釈迦《しゃか》の教えを意味する）を教える先生と、平和の心を教える先生をそこに派遣します。

私たちは世界の各地で「目覚めた心をもつ瞑想《めいそう》共同体」を組織しました。私たちは、そこで多くの人たちを和解に導きました。葛藤《かっとう》する家族、夫婦、父と息子、母と娘が緊張をほぐし、怒りを抑え、失っていた対話を再び始める修行を通して、和解のひとときをもったのです。

私たちは自ら、「未来に可能性があると考えているのか」を、自分自身に問うてみなければなりません。この質問に、偽りのない心で「はい」と答えることができるのなら、希望がありますす。私たちはこのような希望をもった人生を生きなければなりません。私たちの子供は、私たちの人生を受け継いでいくのです。私たちの子供を見るとき、彼らの中に私たちが見えなければなりません。子供は私たちを未来へと連れていってくれます。私には血のつながった子供はいませんが、霊魂で結ばれた子供たちはたくさんいます。私の弟子である僧侶《そうりょ》、尼僧《にそう》たち、そして多くの在家《ざいけ》修行者たちがまさにそれなのです。私の修行は、自分ができる最善のこと、正しい思考、正しい言葉、正しい行動を彼らに伝えることです。正しい思考は、思いやり、許し、そして受容と深い関係があります。

正しい言葉は、許す力と愛、希望を育てる力をもっています。正しい行動は、保護する力と支援する力をもっています。それは慈悲《じひ》と思いやりによって動機が付与される行動なのです。私が行っているすべてのこと、私が語るすべてのこと、私が考えているすべてのことは、日常の生活から生まれるものです。私はまさに、これを私と精神的に繋《つな》がっている子供たちに伝えているのです。私の人生は私のメッセージです。ですから、私が希望をもち、未来を存在させるために生きるならば、私の弟子たちも私の人生を受け継いでいくのです。つまり私たちすべては、自分がそのように生きられるのか、またそのような人生の方式を子供たちに伝えていけるのか、自らに自問してみなければなりません。

私たちはあらゆる文化的な境界を超越し、「私たちは同一の未来を共有している」という意識をもたなければなりません。私たちが「共に存在する（inter-be：『共に』という意味の接頭詞 inter と『存在する』という意味の be 動詞で構成された合成語。この動詞形はティク・ナット・ハンの固有の用語）」という言葉は、私たちの存在が、他のあらゆるものと関連を結んでいるということを意味します。私たちは、他の人、他の人種、他の民族、他の国の苦痛を土台にしては、自分たちの幸福を生み出すことはできません。また動物と資源の苦痛を肥やしとしては、私たちの幸福を生み出すこともできないのです。

幸福は、決して個人の問題ではないのです。

ティク・ナット・ハン

二〇〇七年四月二十五日

※　この文は、ティク・ナット・ハン師が二〇〇七年四月二十五日、ベトナムのハノイで行った講演の抜粋です。

1月

第一週

人生との約束に
背かないでください。

過去はすでに過ぎ去り、
未来はまだ来ていません。
今この瞬間だけが私たちに存在し、
私たちは今、この瞬間だけを味わうことができるのです。
過去の悔いは手放し、
明日のことも心配しないでください。
今、この瞬間に出会うために、本当の自分自身に帰りましょう。

……瞬間、瞬間の呼吸、
私たちが歩む一歩一歩、
私たちのあらゆる微笑《ほほえ》みが、
私たちに人生というものを深く体験させてくれます。

1月

第二週

今のあなたは、
そのままで素晴らしいのです。
他の人になろうと
しないでください。

あなたが探しているものは、すでにあなたの中にあります。
あなたの周りにあるのではありません。
あなたは今、あなたの願っているとおりの姿です。
今のあなたは、そのままで素晴らしいのです。
あなたが願う姿になるために、
未来を待つ必要はありません。
あなたが探しているものは、すでに「この瞬間」にあるのです。
神の国も「今、この瞬間」にあります。
あなたの悟りも、まさにここにあるのです。

……自由に至る本当の道は、
何も求めず、
今、この瞬間にただ存在することです。

1月

第三週

私たちの時間は、
ただ在《あ》ることのためにあります。

私たちは、存《あ》ることより
行動することが重要だと考える傾向があります。
私たちは、何かをしていないと
時間の無駄使いをしていると思ってしまいます。
それは間違った考えです。
何よりも私たちの時間は、ただ在《あ》ることのためにあります。
何のために私たちの時間は存在するのでしょうか。
生きるため、平和のため、喜びのため、愛のため。
これらは、私たちの世界が最も、そして切実に必要としているものなのです。

……存在する質が、行動の質を決めるのです。

1月

第四週

息を吸いながら心を集中させ、
吐きながらからだと心を
一つにしましょう。

日常で私たちは、
肉体的にはそこに存在していますが、
精神的にはその場にいないことがしばしばあります。
私たちの精神は現在にいるのではなく、
過去、あるいは未来、
心配、あるいは計画で目まぐるしく動いています。
どうすれば私たちは、
からだと心を再び一つにすることができるでしょうか。
それは本当に単純なことなのです。
息を吸いながら、自分が息を吸っていることに気づくならば、
あなたは数秒もかからずに、
精神と肉体の調和を成すことでしょう。

……私は息を吸いながら、
自分が息を吸っていることに気づきます。
息を吐きながら、　私は息を吐いていることに気づきます。

1月

第五週

お母さんが泣く子をあやすように、
私たちは、自らの苦痛に対して
世話をしてあげなければなりません。

私たちの心の中には、
苦痛や怒り、心配や恐怖という障壁があります。
このような否定的なエネルギーが
私たちを支配するように放たれていれば、
肉体的にも問題が生じ、
他人との関係も、それによって難しくなります。
このような否定的なエネルギーが意識の中に表れると、
大部分の人はそれに抑圧されたり、
初めから苦痛を回避するようになります。
しかし、私たちは苦痛から逃げるのではなく、
苦痛に対して、愛情を込めて世話をしなければなりません。
あたかもお母さんが子供を懐に抱いてあやすようにしてです。
私は息を吸いながら、自分の痛みを感じます。
私は息を吐きながら、自分の痛みに微笑《ほほえ》みかけます。

……煩悩《ぼんのう》を悟り、それを抱擁《ほうよう》するすべを学ぶなら、
煩悩《ぼんのう》の思いは、いずれ変化することでしょう。

2月 第一週

今、この瞬間、
あなたがもっている
あらゆる幸福の条件を
書き出してごらんなさい。

私たちは、幸福が未来にだけあると考えます。
これは私たちが最もよく陥りがちな、間違った考えの一つなのです。
私たちは時々、次のようにも考えます。
「こんなはずはない！　私を幸福にしてくれるものは、まだ不十分だ。
私が幸福になるためには、もっと多くのものが必要だ」と。
それで私たちは、未来のために現在を犠牲にしようとします。
しかし、私たちが現在に完全に存在し、それに没頭するならば、
幸福に存在するために十分過ぎるものを
もっていることが分かります。
静かに座り、あなたが今、この瞬間にもっている
あらゆる幸福の条件を書き出してごらんなさい。
あとは、あなたが驚くことだけが残っているのです。
あなたが現在もっている幸福の条件は、
五枚書いても足りず、六枚にも及ぶからです。

……幸福は今、この瞬間だけに可能なのです。

2月

第二週

三百年後、
あなたはどこにいるか
想像してごらんなさい。

私たちは配偶者や子女、あるいは
父母と問題が生じたとき、口論を始めます。
仏陀《ぶっだ》は私たちにおっしゃいました。
「愛する友たちよ！
しばらくの間、目を閉じ、
三百年後に彼らがどこにいるか想像してみなさい。
三百年後に配偶者の何が残ってるだろうか。
はたして二人の姿は残っているだろうか。
互いに争い、互いに苦痛を与え合うことは
賢明ではない。
すべては無常である！
そのように苦しんで生きてはならない。人生は短い」
再び目を開けたとき、それ以上は争いたくないはずです。
そして、愛する人を胸に抱きたくなるはずなのです。

……世にあるすべてのものは、無常です。
このことを悟った人は、互いに深く愛し合えるのです。

2月

第三週

あなたとあなたの人生に、
そして今、この瞬間に
微笑《ほほえ》みましょう。

寝床に入っても、眠れないときは
ただ、横たわっているだけでいいのです。
そして息を吸い、また吐きながら、あなたの呼吸を楽しんでください。
あなたとあなたの人生、
そして今、この瞬間に微笑《ほほえ》みましょう。
この瞬間自体に、最も驚くべきなのです。
次の日のために十分に睡眠をとれなかったとしても、
心配しないでください。
温かい布団で静かに、今、この瞬間を味わいながら、
あなた自身の呼吸を楽しんでいること自体が、とても大事なことなのです。
肉体と精神がそのような状態になったとき、
あなたはごく自然に眠りにつくことでしょう。
あれこれと考えを巡《めぐ》らせ、想念におぼれ、
心配ごとに追われるよりは、ずっと簡単に眠りにつけるのです。

……心配ごとに悩まされないで、
あなた自身と人生に微笑《ほほえ》みましょう。

2月

第四週

あなたのからだの緊張をほぐし、
楽に休んでみましょう。

からだがつらく、筋肉が緊張している理由のほとんどは、
私たちが休むという方法を忘れてしまったからです。
緊張を十分にほぐせるだけの休みをもてない人が多いのです。
緊張を繰り返すと、深刻な病気に発展しかねません。
薬を服用する代わりに、私たちのからだの緊張をほぐし、
楽に休めるようにするのが賢明です。
このようにして、私たちは自然治癒力を高めることができるのです。

……からだの緊張をほぐせるようになれば、
私たちの自然治癒力は自然に高まっていきます。

3月

第一週

理解すればするほど、愛は深まってゆきます。

あなたが本当に配偶者を理解できないのなら、
相手を心から愛することはできません。
愛する人を心から理解できないのなら、
あなたは相手を見守ることはできません。
あなたは配偶者が何を願っているのか、
なぜ悩んでいるのかについて
深く考える時間をもたなければなりません。
そのような時間を通し、あなたは配偶者について
深く理解する心をもつことができるのです。
配偶者にどんな問題があるのか、
あなたがはっきりと分からないというなら、
次のように質問してごらんなさい。
「はたして私はあなたをよく理解できているだろうか」と。

……相手を理解するということは、
やがて愛が深まるという意味なのです。

3月 第二週

相手の言葉に、
心から耳を傾けてごらんなさい。

世界の指導者たちが外交テーブルの上で、
相手国の痛みと困難に耳を傾け、理解することができるなら、
その時、世界平和は現実のものとなるでしょう。
私たちもまた、葛藤《かっとう》しているときこそ
相手の言葉に、心から耳を傾けてあげるべきなのです。

……すべての葛藤《かっとう》と暴力の原因は、
相手のことがよく分からないからです。
相手の言葉に深く耳を傾け、
彼らと思いやりをもって対話するとき、
初めて相手のことが分かるのです。

3月

第三週

目覚めた心で呼吸をし、
歩き、微笑《ほほえ》みましょう。

私たちの中には、今、この瞬間にも、
根を下ろさせないようにと、私たちを揺さぶろうとするエネルギーがあります。
それは、私たちが、今、この瞬間と出会うことを
妨害するエネルギーなのです。
しかし人生は、今、ここにのみ存《あ》るのです。
私たちが今、この瞬間を抜け出してしまったなら
私たちは生きるということを深く体験できません。
現在というものを逃してしまい、自分の人生を
心から味わうことのできない人が多いのです。
フランスの小説家アルベール・カミュ（Albert Camus）がいうように、
彼らは死んだ人と大して変わりがありません。
目覚めた心で呼吸をし、目覚めた心で歩き、
目覚めた心で微笑《ほほえ》むという修行を通して
私たちは、心をからだの中にもち帰ることができ、
この瞬間瞬間を正しく生きることができます。
このような瞑想《めいそう》方法を「気づきの瞑想《めいそう》」と呼びます。

……気づきとは、一瞬一瞬を
目覚めた心で体験することなのです。

3月

第四週

幸福への道はありません。
幸福そのものが道なのです。

私は、幸福というものは「幸せに存在する能力だ」と考えます。
目覚めた心とは
「幸せが今、この瞬間にあるということを知っていること」です。
ですから、幸福とは私たちが発見しなければならないものなのです。
そうすれば、幸福は現実となるのです。
人は若い時、早く走ることができ、高く飛ぶことができます。
若い人は多くのことができます。
しかし若いがゆえに、その若さを意識できていません。
年をとってから、
ようやく私たちは、若さを利用できなかったことを後悔するのです。

……多くの人は「今、ここ」において
幸せに存在できる条件を限りなくもっているのです。
しかし私たちはこのような幸福の条件があることを
悟れないため、幸福になれないのです。
そのような条件を、私たちの人生の中で
発見できるよう助けてくれるものが、私たちの意識、
すなわち、私たちの目覚めた心なのです。
目覚めた心を育むことが、幸福を育むことを意味するのです。

4月

第一週

愛は心を治療します。

私たちが誰かを、愛情あふれる心で思うなら、
その人も愛を感じることでしょう。

……愛する思いは心を治療してくれるのです。
これらを直接に体験できるなら、
私たちは、そこで自分自身の本当の主人になれるのです。

4月

第二週

新しい始まりは、
いつどんな瞬間からでも可能です。

フランスに所在する瞑想《めいそう》共同体、プラム・ヴィレッジには、
修行のための偈頌《げじゅ》（＊）が記されています。
その中の一つは、次のような言葉です。

過去の不運を完全に消しさってください。
そうすれば、新しい可能性に満たされるでしょう。

（＊）偈頌（げじゅ）：仏教の真理を詩の形で述べたもの。

……私たちは、
人生のいつどんな瞬間からでも、
新しい存在として生まれ変われる能力を
発展させなければなりません。
そうすれば、心の中の否定的なものを
変化させることができます。
同様に私たちが置かれている状況をも
変化させることができるのです。
新しい始まりは、
いつどの瞬間からでも可能なのです。

4月

第三週

あなたの呼吸に集中してください。
目覚めた心のエネルギーを
得ることができるでしょう。

怒りは毒と一緒です。怒りはすべてのものに害を与えます。
それだけではありません。怒りは人間関係にも害を与えます。
心の中から怒りがわき上がれば、
その瞬間、どんな行動をしても、どんな言葉を語っても駄目なのです。
怒りのエネルギーは状況をもっと悪化させるほど、
危ない影響力をもっています。
この時、私たちができる最善の方法は呼吸の瞑想をすることです。
あなたの呼吸に集中してください。
そうすれば目覚めた心のエネルギーを得ることができるでしょう。
「私は息を吸います。
そして、怒りが私の中にあることを知ります。
私は息を吐きます。
そして私は、心の中の怒りをなだめます」

……怒りと闘ってはいけません。
怒りを押さえつけてもいけません。
愛情のこもった心で怒りを受け止めるのです。

4月

第四週

堆《たい》肥《ひ》が花を咲かせることを忘れないでください。

私たちの心の中には、愛と理解はもちろん、
怒り、悲しみ、苦痛も存在します。
庭園を喩《たと》えとして考えてみましょう。
花が枯れれば、花びらは堆肥《たいひ》となります。
そして、その堆肥《たいひ》の上に、
美しい花がまた新しく咲くのです。
あなたの怒りは、あなたの堆肥《たいひ》であり、あなたの花なのです。
それは悲しみ、懐疑、妬《ねた》み、拒絶の心でもあり、
また理解、愛、許しでもあるのです。
怒りは有機的なものです。

……怒りを抱擁《ほうよう》して変化させられる人は、
苦痛を幸福と知恵に変えることができます。

5月

第一週

人生の奇跡は、
今、ここにあります。

人生の奇跡は、「今、ここ」にあります。
私たちは人生の奇跡を、私たち自身の中で、
私たちの周りの至るところで感じます。
私たちの目は奇跡です。
私たちの心は奇跡です。
私たちの脳は奇跡です。
青い空、白い雲、山、川、森、花、愛する人。
このすべてのものは、人生の本当の奇跡なのです。
しかし、私たちが過去に苦しみ、
未来を恐れて心配しているなら、
「今、ここ」において、世の中のあらゆる奇跡とは、決して出会えないのです。

……未来の奇跡を待たないでください。

5月

第二週

私たちの世界は
知恵が必要です。

瞑想《めいそう》は逃避ではありません。
瞑想《めいそう》は私たちの生存、安全、世界平和のために重要です。
瞑想《めいそう》は、目覚めた心と
集中の目で現実を観《み》る、その勇気を意味します。
私たちの世界には知恵が必要です。
そして、ある事実や現実を
深く洞察《どうさつ》する能力が必要です。

あなたは教師であるかもしれないし、
お母さん、お父さん、あるいはマスコミ人、映画監督であるかもしれません。
あなたがどんな人であってもかまいません。
あなたは祖国と国民を目覚めさせるために、
あなたの洞察《どうさつ》力を分け与えることができます。
あなたの祖国と国民が目覚めれば、
政府は国民の知性に合った
行動をとらざるを得ないのです。

……あなたは、あなたの前に広がっている現実に、
目を閉じてはなりません。

5月 第三週

神は一日、二十四時間、
私たちのためにいらっしゃるのです。

神は、あらゆる思考から自由です。
何よりも神は、私たちの神に対する考えに左右されません。
それは私たちが神につながる道がないという意味ではありません。
私たちは一日、二十四時間、神につながる道の上に存在しているのです。
神は一日、二十四時間、私たちのためにいらっしゃるのです。

……あなたは、自らを神にゆだねていますか？
これは重要な質問です。

5月

第四週

自ら心の中の平和を取り戻してください。

無為《むい》、何もしないことは、私たちの時代には贅沢《ぜいたく》です。
しかし私たちが、今、この瞬間、この上なく平和で、
自由で幸福だとするなら、私たちは自分自身のために
これ以上、何もしないでしょう。
同じです。
私たちみんなが平和で自由で幸福だとするなら、
先祖、父母、子供、世界のために、
することは何もないのです。

……自ら心の中の平和を取り戻した人は、
他の人とも平和に過ごすことができるのです。

5月
第五週
ゆっくりと一歩ずつ歩いてごらんなさい。
今、ここにあるあなたの
幸せに出会えるでしょう。

多くの人が、
一歩一歩の意味を意識することなく生きていきます。
私たちは、幸福が「今、ここ」にあるのではなく、
未来にあると信じているため、いつも走ることが習慣になっています。
走らないで、止まってごらんなさい。
それは重要なことです。

……ゆっくりと行きましょう。
せかせかと動かないでください！
一歩一歩があなたに、
人生最高の瞬間、
今、この瞬間をもたらしてくれるのです。

6月

第一週

心から幸福であることが
最も重要です。

教えるということは、見本となることを意味します。
それは幸せな姿を見せることなのです。
幸せに存在すること、
心から幸福であることが最も重要です。
幸せでないなら、たくさんのお金があっても何になりますか。
愛する時間がないなら、
互いに配慮し合う時間がないなら、
毎日深い生を営む時間がないなら、
成功したとしても何になりますか。

……私たちは言葉で存在するのではありません。
私たちの行動、私たちの行動の仕方が、
私たちの存在を表しています。

6月

第二週

洞察《どうさつ》力と決断力のある人は、精神を変化させることができます。

仏陀《ぶっだ》はこうおっしゃいました。
精神は画家です。
画家は宇宙を描きます。
画家はあらゆるものを描くことができます。
同様に、あらゆるものを消してしまうこともできます。
過去に描いた絵が気に入らなかったなら、
消してしまうこともできるのです。
そして、本当に描きたくないものがあったなら、
それを完全に消し去ることもできるのです。
未熟なあなたの態度を正確に観察するならば、
このような態度に至らしめた、
さまざまな状況があったことを、知ることになるでしょう。
このような認識と決断力で、
そのような状況が二度と発生しないようにできるのです。

……洞察《どうさつ》力と決断力のある人は、
精神を変化させることができます。
そのような人は、すでに自由なのです。

6月

第三週

平和と喜びのエネルギーを
発散させてください。
そのたびに、世の中は
平和と喜びであふれるでしょう。

平和と喜びのエネルギーは実在します。
科学者が平和と喜びのエネルギーを
測定できる日が来るでしょう。
しかし私たちは、科学者の助けがなくても、
平和と喜びのエネルギーが、私たちの精神と肉体、
私たちが住んでいる地球を変化させられることを知っています。
私たちがこのようなエネルギーを発散させ、
理解と思いやりにみちた良い考えをもてば、
そのたびに、世の中は平和と喜びであふれるでしょう。

……愛情に満ちた思考は、精神的な健康はもちろん、肉体的な健康にも肯定的な影響を与えます。
愛情に満ちた思考には、治癒《ちゆ》の力があるのです。

6月

第四週

胸を大きく広げ、
息を大きく吸い、
そして吐いてみましょう。

私は息を吸います。
そして、私が生きていることを知ります。
私は息を吐きます。
そして、私の中にある人生と、
私の周りのすべてのいのちに微笑《ほほえ》むのです。

……あなたの微笑《ほほえ》みが人生を美しくするのです。

7月 第一週

大地に深く根を張る樹木になりましょう。

感情は私たちの一部に過ぎません。
人間は感情以上の存在です。
感情は突然わき上がり、少しの間とどまり、また消えてしまいます。
あらゆる感情は、変化するようになっています。
どんなに激しい感情だとしても変わるのです。
しかし、そのような感情ゆえに、自殺をする人たちもいます。
彼らは感情をどうやって収めればよいのか分からず、
自殺だけが現在の煩悩《ぼんのう》から抜け出せる
唯一の方法だと考えるのです。
感情はどんどんハリケーンのように、私たちを襲撃します。
暴風雨の中に立つ樹木をイメージしてください。
吹きすさぶ風雨のため、木の枝は折れそうになりますが、
大地に深く根を張った樹木は、びくりともしません。
暴風雨のように激しい感情が私たちを強打しても、
風に揺られる木の葉のように
感情に揺れる頭に気を取られてはいけないのです。
静かに横たわり、手をおなかに載せてごらんなさい。

……息を吸った時、おなかがふくらむのを感じてください。
息を吐いた時、おなかがへこむのを感じてください。
ある思いにとらわれ、激しい感情が渦巻くとき、
意識を肉体に集中するのです。
大地に深く根を張る樹木になりましょう。
すぐにあなたの心は穏やかになります。
あなたはまた、賢明な判断を下すことができるでしょう。

7月
第二週

静かに花を見ていると、
その中に全宇宙が見えることでしょう。

心を集中し、理解する心で花を深く観察してみてください。
そうすれば、「花は、単純に花ではない」ことを、悟るようになります。
花の中には雲が入っています。
雨が降らなければ、花は存在できません。
太陽がなければ、花は美しく咲くことができません。
私たちは、花の中に大地と庭師を見ます。
私たちはまた、時間と空間を見ます。
これらは花が姿を誇るために、すべて必要な要素なのです。

……あらゆるいのちは緊密に結ばれていて、
互いに絡《から》み合《あ》っているのです。
単独で実存できるものは、一つもありません。
これが「共に存在すること（inter-being）」の本質です。

7月

第三週

緊張を解いてみましょう。

私たちは、緊張を解くことのできる時間があまりないと考えます。
それは、それによって多くの時間がそがれると考えているからです。
それは間違った考えです。
肉体的・精神的に緊張しない人が、
自らの仕事を立派に、効率的に、楽しく、賢明にできるのです。

……果たすべきことが多くて、
ストレスを受けている人に最も必要なものは休息です。

7月 第四週

煩《ぼん》悩《のう》は理解の母です。

蓮《はす》の花は泥の中で育ちます。
泥がなければ、蓮《はす》の花はしおれてしまうでしょう。
蓮《はす》の花と泥は、互いに切っても切れない関係なのです。

愛と理解も同じです。
愛と理解は、煩悩《ぼんのう》という土壌で育つ二種類の花なのです。
私たちは泥と堆肥《たいひ》によって花を育てることができます。
そして煩悩《ぼんのう》から思いやりと理解が出てきます。
私たちは苦痛から学ぶのです。

……私たちは悩むことによって、
理解と思いやりの感情を、
だんだん深くもつことができるのです。

7月 第五週

知恵と洞《どう》察《さつ》力は
知識から生まれるものではありません。

私たちの心の中には、二つの結び目、二つの障害物があります。
一つは、私たちを苦境に陥れる感情、
すなわち恐怖、怒り、疑い、軽蔑《けいべつ》などを挙げることができます。
もう一つの障害物は、私たちの概念、私たちの観念です。
真理に対する私たちの知識と思考は、自由に存在することを妨害し、
真理を悟ることを妨害するのです。
この二つの結び目を解かなければなりません。
精神的・霊性的な教えを聞きながら、
概念と知識をたくさん積み上げる必要はありません。
概念と知識の蓄積は、むしろ重荷となります。
知恵と洞察《どうさつ》力は知識から生まれるものではありません。
修行が重要です。
呼吸瞑想《めいそう》、歩く瞑想《めいそう》、座る瞑想《めいそう》、微笑《ほほえ》む瞑想《めいそう》などです。

……重要なのは、知識を誇ることではなく、
洞察《どうさつ》力を深くもつことなのです。

8月

第一週

何もしないで、
そのまま座っていてください。

私たちは、時々こう言います。

「そうやってぽかんと座っていないで、何かしなさい！」

しかし、この文章の意味を逆さまにしてごらんなさい。

「何もしないで！　そのまま座っていなさい。ただ存在していなさい！」

……私たちはこのようにして、
存在の新しい次元をつくれるのです。
そうすれば平和と兄弟愛、理解と思いやりは
可能になるのです。

8月

第二週

涙は思いやりと理解の滋養《じよう》分になります。

昨日、私は苦痛に襲われて泣きました。
しかし世の中のすべてのものが、無常であることを悟ったため、
私の涙は変わりました。
私の涙は雨となり、世の中をきれいにし、成長させます。
私たちが流した涙は傷を治療し、
私たちの中の煩悩《ぼんのう》を溶かしてくれるのです。
私たちが涙をむりに我慢するなら、
煩悩《ぼんのう》は心の中でどんどん大きくなり、
結局は、周りの人に荒々しく接してしまうでしょう。
私たちは煩悩《ぼんのう》が意識の中に現れるようにしなければなりません。
それでこそ、煩悩《ぼんのう》の正体を悟り、
煩悩《ぼんのう》をいたわりながら変化させられます。
そのようにできない人は、
子供や周りの人にも苦痛を与えてしまうのです。
私たちが世の中の無常を悟ることができるなら、
私たちは、天下のすべては変わるものだという事実を
理解できるのです。
煩悩《ぼんのう》も例外ではありません。
涙が思いやりと理解の滋養《じよう》分になります。
このような変化が幸福を生むのです。

……私がきのう流した涙は、雨となって降ることでしょう。

8月

第三週

あなたのお茶を飲んでください。

私たちは自分の人生なのに、
自分の人生を満喫《まんきつ》できていない場合がたびたびあります。
そうする代わりに、私たちは思考の回転木馬に自分の身を任せ、
完全に気力が尽きてしまいます。
私たちの頭の中の機械は、つむじ風のように、
素早く回っているのです。
あなたは頭の中の機械を止めることはできません。
一歩一歩に心を集中させ、
一息一息に心を集中させてください。
そうすれば、思考の回転木馬は止まることでしょう。
最近の人々は、歩くより走ることに慣れています。
習慣は、私たちを絶え間なく駆り立てるエネルギーをもっています。
習慣のエネルギーは、人類が始まって以来、存在するのです。
心を集中する修行は、悪い習慣のエネルギーを悟り、
止めることができます。
考える代わりに、存在を味わってください。
あなたは、いつどこででも考えを止める修行をすることができます。
皿洗いをする時、歯磨きをする時、自動車を運転する時、お茶を飲む時、
少しの間、考えるのをやめてください。

……私たちは実在、人生、
そして人生のあらゆる奇跡に出会うことができます。
それに出会うのに、思考は必要ではありません。

8月

第四週

あなたの一歩一歩で、
地球と和解してください。

私たちは地球に多くの暴力を加えています。
地球と和解する道はないのでしょうか。
道はあります。
それがまさに歩く瞑想《めいそう》の修行です。
あなたが踏み出す一歩一歩は、口づけと同じなのです。
歩くとき、あなたの足の裏は大地と口づけをし、
大地はあなたに口づけを返してくれます。
目的地があって歩くのではありません。
歩くために歩いているだけです。
目的地はありません。
一歩一歩がまさに目的地なのです。

……あなたは自由な人として、一歩一歩を踏み出すのです。

9月

第一週

私たちは、目を覚ます時です。

常に目覚めている人々もたくさんいます。
私たちは世界でどんなことが起こっているのか知っています。
地球温暖化、殺人、暴力と疑心に満ちた世界……。
地球と私たち自身を救う時間があまり残っていないにもかかわらず、
私たちは今も、つまらないことにしがみついています。
私たちがつまらないことにしがみつき続けるなら、
私たちの文明は終わりを迎えるでしょう。
すべての人が目覚めていなければなりません。
そのためには私たちがみな、努力をしなければなりません。
目覚めていることを実践に移さなければなりません。
私たちはみな、自らの人生を生きなければなりません。
それでこそ、私たちの子供たちと彼らの子供たちに、
未来が開かれるでしょう。

……私たちは目覚めているために必要な、
あらゆることをしなければなりません。
そうすれば、奇跡が起こるでしょう。

9月

第二週

集中し、深く観《み》ることができた時、
思考はとても生産的な力を発揮します。

考えることに気を奪われて時を過ごす人々がいます。
しかし、考えることは、ほとんど助けにはなりません。
私たちはすでに過ぎ去ったことを考えたり、
まだ起こってもいないこと、
あるいは決して起こることのないことを考えます。
私たちの思考は、過去、または未来でさまよっています。
私たちは、恐怖と心配、計画、あるいは悲しみにしがみついているのです。
集中し、深く観《み》ることができた時、
思考はとても生産的な力を発揮します。
しかし、昼夜を分かたず、録音テープが頭の中で回っているなら、
私たちは、思考の奴隷《どれい》となってしまうのです。

……呼吸に集中してください。
そうすれば、激しい思考の嵐《あらし》はとまるでしょう。
家に、自分自身に戻ってください。

9月

第三週

すがすがしく、
うれしい気持ちで
平和に座っていられる、
あなたの場所を選んでください。

私たちは、蓮《はす》の花の上に座っている
仏陀《ぶっだ》の絵をよく見かけます。
すがすがしく、うれしい気持ちで平和に座っている人も、
やはり仏陀《ぶっだ》のように、蓮《はす》の花の上に座っているのです。
あなたはどこに座るか、自ら選ぶことができます。
蓮《はす》の花の上に座るのも、真っ赤に燃える石炭の上に座るのも、
瞬間、瞬間、あなたの選択なのです。

……政治家と経済専門家が、
煩悩《ぼんのう》なく、蓮《はす》の花の上に座っていられるなら、
世の中はまたたく間に変わるでしょう。

9月

第四週

あなたは仏陀《ぶった》の目をもつことができます。

自然の美しさを深く洞察《どうさつ》できる人は、
仏陀《ぶっだ》の目をもっているのです。
あなたが世の中を仏陀《ぶっだ》の目で深く観《み》ることができるなら、
「人生に意味がない」という言葉を、決して発することはないでしょう。
あなたは仏陀《ぶっだ》の耳をもつことができ、
世の中を仏陀《ぶっだ》の目で見ることができるのです。
明日ではなく、今すぐできることです。
あなたは、今すぐ、仏陀《ぶっだ》の人生を受け継ぐことができるのです。

……あなたが仏陀《ぶっだ》のように生きられるなら、
グローバリゼーションにより、
地球が病《や》むのを防ぐことができます。

10月 第一週

あなたは、あなたの父親であり、
あなたの母親です。

遺伝学は、父母が子供に、
自らの全存在を譲り渡していることを示しています。
私たちは、父母や先祖と分離できません。
私たちの細胞一つ一つには、
私たちの先祖のあらゆるものが入っています。
あなたは、あなたの父親と母親の分身です。
あなたは、あなたの父親であり、あなたの母親です。
あなたが父親や母親に腹を立てるなら、
それは、まさに、あなた自身に腹を立てているのです。
子供に腹を立てるなら、
あなた自身に腹を立てているのです。

……私たちのあらゆる先祖と子孫は、
私たちの中で生きています。

10月

第二週

あなたのからだを、
目覚めた心と感謝の心で、
いとおしく抱《ほう》擁《よう》してみましょう。

過去、私たちは、自らのからだを粗末に扱い、
度が過ぎるほど酷使《こくし》し、貴く思いませんでした。
私たちは、肉体が私たちのためにしてくれた
あらゆることに、感謝すべきではないですか。
少しの間も休むことなく、動き続ける心臓に感謝してください。
私たちが行きたい所に、
不平一つ言わずに連れて行ってくれる足に感謝してください。
美しい色と、驚くべき世の中の姿を
見させてくれている、
目に感謝してください。

……世界は奇跡の作品です。
一生、私たちの同伴者である世界に感謝してください。

10月

第三週

あなたの中には、
あなたがいつでも休める
美しい島があります。

疑心、怒り、混乱、または恐怖に陥ったとき、
私たちには避難所が必要です。
やぶの中で迷わないように、
私たちを助けてくれる何かが必要なのです。
私は短い偈頌《げじゅ》を一つ知っています。
つらい瞬間に、呼吸の瞑想《めいそう》をしながら、偈頌《げじゅ》を声を出して読んでごらんなさい。
深淵《しんえん》に墜落《ついらく》しそうなあなたを助けてくれるでしょう。
以下は、私が最もよく声を出して読む偈頌《げじゅ》の一つです。

私は息を吸いながら、私の心の中にある島へ帰ります。
そこには、とても素晴らしい木々がそびえ立ち、清らかな水が流れています。
輝く日差しの中、鳥たちは飛び交い、空気は清く澄みわたっています。
私は息を吐きながら、自らが守られていることを感じます。
自分の島に帰ることが、どれほどうれしいかしれません。

……私たちの中には、
私たちがいつでも休める美しい島があります。
そこで私たちは、平和と幸福を感じることができます。
誰も私を愛してくれないと思ってしまうとき、
思い通りになることなんか、一つもないと思ってしまうとき、
帰る所があることを忘れないでください。
自分自身に帰ってください。
そこであなたは休むことができます。
私たちはそのような場所を、
私たちの内から探さなければなりません。
その場所は地図にも表示されていないので、
簡単に探すことはできないのです。
あなたが幸福感と安定感、
共感を感じることのできるあなたの内なる島を、
瞑想《めいそう》を通して発見できるのです。

10月

第四週

うれしい気持ちで、
何のこだわりももたずに、
静かに座ってごらんなさい。

ひょっとすると、両親の世代は、
休む機会や人生の奇跡に出会う機会をもてなかったかもしれません。
しかし、あなたは今、この瞬間、
父親、母親、兄弟姉妹のために座っていられるのです。
私たちは私たちの中に、彼らが生きていることを感じます。
私たちがうれしい気持ちで、
何のこだわりももたずに、静かに座っていれば、
彼らもそれを感じることでしょう。
これが私たちの中に存在する両親と先祖に
私たちができる贈り物なのです。

……座禅《ざぜん》は愛の行為です。
座禅《ざぜん》は純粋な存在の行為です。

10月

第五週

消えるものもなく、
造られるものもありません。

愛する人がこの世を去った時、
その人のことを深く考えてごらんなさい。
そうすれば、あなたは、その人を忘れはしないことを悟るでしょう。
その人は、新しい姿であなたのそばにいるのです。
新しい姿となった、愛する人を見分けるには、
知恵の目が必要です。
その人は常にあなたのそばに、
あなたが思うよりも近い所にいます。
あなたはその人のために息を吸い、その人のために歩き、
その人のために朝食を取ります。
誕生は継続です。
死も、やはり継続です。
消えるものもなく、造られるものもありません。

……あなたは生まれてもいないし、死んでもいません。
それがあなたの本性です。
このような本性に出会えた人は、恐怖から抜け出せるのです。

11月

第一週

まさに今、
この瞬間の人生と出会ってください。

私たちが今、ここに生きているのなら、
どうしたら、私たちの周りにある傷を癒《いや》し、
元気を回復できるかを悟ることができます。
私たちは人生の奇跡に出会います。
同時に私たちの中にある、苦痛の原因を認識し、
それを結局は、変化させることができるのです。
だから、私たちが常に自分自身に帰ること、
現在のこの瞬間、現在の家に帰るということが重要なのです。
私たちは息を吸います。
そして吸う息に集中します。
私たちは息を吐きます。
そして吐く息に集中します。
私たちの意識は、大部分が過去や未来に行っていたり、
白昼夢《はくちゅうむ》の中で道を見失っています。
私たちは、そんな私たちの意識を、もう一度、
私たちのからだに呼んでこなければなりません。

……あなたは、ほんの数秒で、
本当のあなたに、本当のあなたの家に戻ることができます。
まさにここ、まさに今、この瞬間の人生と出会ってください。

11月
第二週

重要なのは、議論ではなく、
幸福な人生のための修行なのです。

朝、目覚めると、私は微笑《ほほえ》みます。
真新しい二十四時間が、
私の目の前にあります。
あらゆる瞬間を完全に生き、
そして、あらゆる存在を
慈《いつく》しみの目で見られますように。

この詩は、私が若い修道僧だった時期に読んだ、五十個ほどの偈頌《げじゅ》が入った本に収録されていた、最初の偈頌《げじゅ》です。私は修行のために偈頌《げじゅ》を毎日かかさず暗唱しました。私はわずか十六歳で、偈頌《げじゅ》がどれほど美しいものかを知りました。

……重要なのは議論や神学、哲学ではなく、
修行、すなわち幸福な人生のための修行なのです。

11月

第三週

緊張を解き、
心の平和を得てください。

肉体の緊張を解く方法を学んでください。
手放すことができなければなりません。
息を吸いながら、顔、肩、腹に緊張があることを感じてください。
そして息を吐きながら、緊張を解いてください。

……心の平和は、
自らのからだと心をよく気遣うところから始まります。

11月 第四週

あなたを平和へと導く
チャンネルを選択してみましょう。

私たちは簡単に惑《まど》わされてしまう愚《おろ》かな存在です。
反面、私たちは、時には仏陀《ぶっだ》のような存在です。
私たちの中には、暗闇《くらやみ》と明るさ、
意気地のなさと知恵が、同時に存在します。
私たちは数千個のチャンネルをもつテレビと似ています。
仏性《ぶっしょう》のチャンネルに合わせると、私たちは仏陀《ぶっだ》になれます。
しかし、地獄のチャンネルに合わせると、
私たちは飢《う》えた魂《たましい》となりかねないのです。

……地獄を選択するか、
極楽《ごくらく》を選択するかは、
私たちの決定にかかっています。

12月

第一週

洞《どう》察《さつ》力のない人は
執《しゅう》着《ちゃく》を捨てることができません。

私たちはどうすれば執着《しゅうちゃく》を捨てることができるでしょうか。
何かをほしいと願うとき、
執着《しゅうちゃく》をを捨てることは簡単ではありません。
確信、感情、要求を完全に認識しないことには、
それらを手放すことはできません。
私たちは幸福の必要条件が何かを、はっきりと考えています。
しかし実際に、このような思考が私たちの幸福を妨害するのです。
このような信念の本質を悟るために、
私たちはそれを深く観《み》る能力がなければなりません。
このような信念は、いかなる土台の上に出てくるのでしょうか。
このような信念の根は、何なのでしょうか。
このような信念は、どのようにして生じるのでしょうか。
私たちは時々、何かを手放すのを恐れます。
つかんでおくものが何もなければ、不安になる気持ちがあるからです。
執着《しゅうちゃく》をは私たちに、多くの煩悩《ぼんのう》を呼び起こします。
しかし、真の幸福のための代案がなければ、
執着《しゅうちゃく》をを捨てることは難しいのです。

……目覚めた心で集中する人は、
物ごとを見抜くことができます。
洞察《どうさつ》力のない人は執着《しゅうちゃく》を捨てることができません。

12月

第二週

未来は、現在によってつくられます。

幸福な未来を準備し得る唯一の方法は、
現在に集中することです。
今、この瞬間を心配と恐れで過ごす人は、
現在はもちろん、未来さえも破壊してしまうのです。
もちろん、私たちは計画を立てることはできます。
しかし、私たちが現在に軸足《じくあし》を置く時にのみ、
私たちの計画は意味をもつのです。
未来に対する心配は、何の助けにもなりません。
私たちは良い未来をつくるために、
過去から学ぶことはできます。
しかし私たちは、すでに起こったことに対して不平を言ったり、
悔やまれるような事柄に対して、自らを責めながら、
過去の監獄に閉じ込められていてはいけません。

……私たちは、まさにここ、
今、この瞬間に真なる人生を味わうべきです。

12月

第三週

座りながら、
座っていることを楽しんでください。

個室でも、木の下でも、座布団でも
仏陀《ぶっだ》のように座ってみてください！
座りながら、座っていることを楽しんでください。
座ることの楽しみを知っている人には、座禅《ざぜん》はつらい修行ではありません。
じっと座って、何もしないでください。
ただ、そこに座っていてください。
そして、それを楽しんでください。
ここにこそある人生の質を高めてくれることでしょう。
独りで座っていることは、
あなたが今、ここに現存しているということです。
友達と共に座っている場合も同じです。

……座っていることは、まさに今、
この瞬間に在《あ》るということです。
それは、人生という奇跡の真ん中で、
まともに生きていることを意味します。

12月

第四週

あなたは人生という奇跡に、
〝まさにここ、今、この瞬間〟
でのみ出会えるのです。

人生という奇跡は、
私たちの滋養《じよう》分であり、私たちを治療することができます。
人生という奇跡は、
私たちに幸福と満足感をプレゼントしてくれます。
しかし、私たちは人生という奇跡に、
ただまさにここ、今、この瞬間でのみ出会えるのです。
同様に、私たちは神の王国、仏陀の極楽浄土《ごくらくじょうど》にも、
今、この瞬間でのみ出会えるのです。
私たちは、この瞬間にのみ、完全に生きることができるのです。
それは、常に現在の瞬間です。
神の王国に至りたいと思うなら、
今、この瞬間に自らに帰ろうと努力してください。

……神の王国は今、ここにあります。
そうでなければ、神の王国は決して存在しないのです。

12月

第五週

瞬間、瞬間を
自ら決断しながら生きてみましょう。

私たちは自動操縦で空を飛ぶ飛行機のように
ふるまってしまう時がたびたびあります。
現在から離れてしまうのです。
だから今、この瞬間に何が起きているのか分かりません。
考え、感情、気持ちがわくたびに、
私たちは今、この瞬間にとどまる修行と、
活き活きと在《あ》る修行をしなければなりません。
私たちの中にこのような考え、感情、気持ちがあることを、私たちは知っています。
しかし、私たちはそれら以上の存在物なのです。
私たちは、また私たちの中に、理解、慈悲《じひ》、愛と知恵で築かれた
宝物の蔵《くら》を身につけています。
私たちがそのような要素を自由に使えるよう願っています。
それらを通して、私たちが正しい道にとどまるよう、
助けを受けることができるのです。

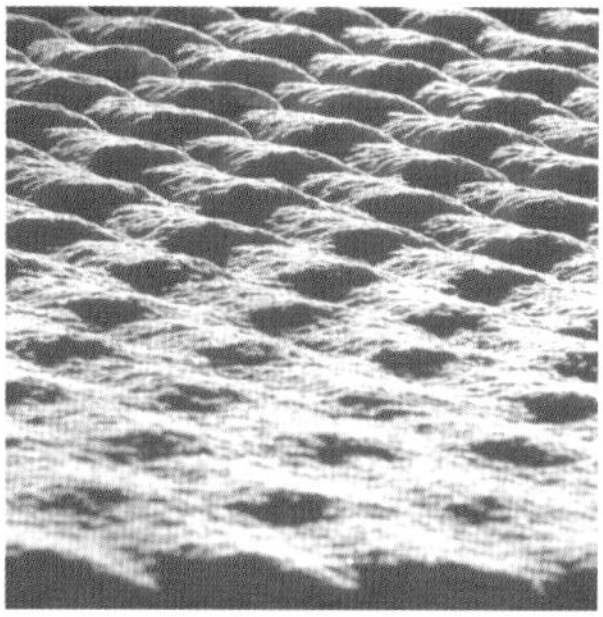

……あなたは心を集中して、
呼吸をする時間をもたなければなりません。
あなたは何かに性急に反応する必要はありません。
あなたは物ごとを、よりはっきりと
気づきの目をもって受け入れなければなりません。
そうすれば、あなたは思考と感情に、
ふり回されることがなくなるでしょう。

解説

ティク・ナット・ハンの「地球仏教」が今ふたたび

東洋から始まった仏教が、世界をぐるりと巡《めぐ》り、「地球仏教」となって今日本に戻ってきた！　本書の出版の経緯を知り、そんな印象を強く受けました。

著者ティク・ナット・ハンは、一九二六年にベトナム中部で生まれた仏教者・詩人です。ベトナム戦争に対し、「行動する仏教者」の一人として非暴力・平和を訴えましたが、一九七三年には亡命を余儀なくされ、以後、フランスを拠点に難民救援に関わる一方、欧米の人々に仏教のエッセンスをわかりやすく伝えてきました。現代人が直面する心の問題や社会の問題に関するフランス語・英語・ベトナム語を駆使した講話や著作、そして明快な瞑想《めいそう》法は、多くの国々に紹介され、様々な言語に翻訳《ほんやく》されてきました。チベット出身のダライ・ラマ法王十四世と共に、欧米では、深い仏教の伝統に根ざしながらも現実の社会に関わり行動する仏教者として、大変著名な存在です。

この本のオリジナル版は、ドイツで作られました。それが韓国の出版社の目に留まり、韓国語版が出版され、そこから日本語訳の本書ができたのです。インドで生まれ、東南アジアや中国で発展した仏教が、ベトナムでティク・ナット・ハンに流れ込み、ベトナム戦争という悲劇を契機にフランスに渡り、そこから欧米各地へ広がりました。そしてドイツで実を結んだ果実が、韓国を経由し、日本へと巡《めぐ》ってきたのです。二千年を越える仏教のエッセンスが、今、心の問題や地球温暖化や格差など様々な課題が渦巻く現代に求められる「地球仏教」として、蘇《よみがえ》ってきているのではないでしょうか。

最近は、英語で『老子』の世界に出会った英文学者の加島祥造さんを通して、老子のタオの世界が、やはりわかりやすく紹介されています。私たちは、今この危機的な状況の中で、時代や地域性を超えて戻ってきた仏教や道教など東洋の叡智《えいち》に、改めて出会い直し、学び直しているのではないでしょうか。

私は、かつて会社を休職して留学したカリフォルニアで、一九九一年の湾岸戦争のころに、心の平和と世界の平和をひとつのものとして取り組むティク・ナット・ハンの教えやリトリート（瞑想《めいそう》合宿）に出会い、大きな影響を受けました。その後、戦後五十周年の一九九五年には、日本で関心を持つ方々と実行委員会を作ってティク・ナット・ハンとお弟子さんらを招き、各地で講演会やリトリートを開きました。参加した人々には、貴重な出会いと学びの機会になり、その後は皆それぞれの現場で学んだことを活かし深めてきました。当時から『微笑《ほほえみ》を生きる』（池田久代訳、春秋社刊、一九九五年）など、いくつかの翻訳《ほんやく》書も出版されましたが、残念ながら私たちが願ったほどには、まだ日本では広まっていません。

本書は、美しい自然の写真を基調に、一年のカレンダーに沿って週ごとに編集され、どこを開いても心に響いてくる珠玉《しゅぎょく》の言葉が詰まっています。一気に読み通すのもいいでしょうが、一年かけて週ごとの言葉をじっくり味わったり、好きな頁をふと開いて読んでみるのもいいでしょう。あわただしい日常に忙殺《ぼうさつ》されている私たちを、立ち止まらせ、一息つかせ、本来の自分自身に連れ戻してくれます。

花や夕陽を眺める余裕もなく、常に何かに追い立てられている私たちは、自分の心やからだをかなり酷使《こくし》しています。そんな自分自身を、まずは自分でそっと抱きしめてあげましょう。『抱擁《ほうよう》』というタイトルには、まず、そんな意味が込められているのではないでしょうか。

呼吸すること、歩くこと、食べること、私たちが日々無意識の中で当たり前にしているこれらのことに、少し意識を向け、丁寧《ていねい》に今、この瞬間を味わってみましょう。心ここにあらずの状態で走り続け頑張っている自分自身を、そっと抱きしめてあげましょう。

心の中に、怒りや後悔や無力感がわきおこっても、それを「あっ、いけない！」と悪者扱いして振り払うのではなく、まずはそんな気持ちを認め、受け止めてみましょう。「よしよし、またあのことで怒っているんだね。そんなに頭にきているんだ。そうだね、くやしいよね」「はいはい、またあのことで後悔しているんだね。後悔しても仕方ないとわかっていても、やっぱり気になるんだね」などと、まずは自分自身でやさしく認め、抱擁《ほうよう》してあげましょう。

このように、自ら《みずか》「気づき」の光をわき起こってきた感情に当てることで、巻き込まれおぼれがちな感情の渦《うず》からも自由になり、今、このかけがえのない瞬間を味わえるようになります。今ここに生きているという奇跡に、自然に微笑《ほほえ》むことができるようになるのです。本書は、そんなメッセージに満ちています。

世界に問題は山積みですが、外の問題に関わる前に、まずは浮いたり沈んだりの自分自身をやさしく抱擁《ほうよう》するところから始めましょう。いや、まずは自分、そしてそれから他者や外の世界、という順番ではなく、実は同時に内にも外にも関わっていくことに、どうも秘訣《ひけつ》があるようです。

ティク・ナット・ハンらの関わり行動する仏教は、自分のことを大切にするのはもちろんですが、一人ひとりが生きるこの社会や世界、自然界で起こっていることにも、目をつぶることなくはっきりと目覚めた意識を向け、関わり、それぞれなりに行動していくことを勧めます。なぜなら、すべてが相互に依存しあっているこの世界の中では、内も外もひとつながりです。個人の問題も、社会の変革なくしては解決されません。だからこそ、自分にも他者にも思いやりの心を持ち、今ここを一歩一歩しっかりと歩んでいくことこそが、個人と世界の癒《いや》しになるのですから。

韓国での出版や印刷の事業を元に、日本での出版活動を始めて間もない株式会社現文メディアの高橋宣壽さんとのご縁から、訳文の確認と解説の執筆という大役を務めさせていただきました。少しでも読者の皆さんの理解を深める助けになったのなら幸せです。

呼吸を味わい、今ここを味わう。自分自身を大切に、そして世界も大切にする。ティク・ナット・ハンの言葉を久々に味わい、改めて、内なる平和と外の平和をつなぎながら、平和で、持続可能な社会を少しでも実現するために、一歩一歩、歩み続けていきたい、と思います。

ユニークな経緯の本書を通して、世界各地で磨かれたティク・ナット・ハンの教えが、多くの日本の方々に届くことを祈っています。

二〇〇八年四月　　　　　　　　　　　　　　中野民夫

著　者：**ティク・ナット・ハン**

ティク・ナット・ハン（釈一行）は、1926年ヴェトナム中部に生まれ、16歳のときに出家して禅僧となる。1950年、禅の道場を創設、ヴェトナムで初めて僧の修行に外国語や西洋の科学、哲学の学習を導入する。1961年から63年にかけて渡米し、比較宗教学を学ぶ。

ヴェトナム戦争に対して、僧院の中で修行を続けるべきか、それとも僧院を出て爆撃に苦しむ人々のために行動すべきか考えた末、その両方を行うことを決意し、いわゆる「行動する仏教」の指導者として被災者、難民の救済をつくす。1964年以降、社会福祉青年学校、ヴァン・ハン仏教大学、ティエプ・ヒエン（相互存在）教団を創立。1966年アメリカを訪れ、率直な平和提案によって、多くの人々に影響を与え、翌年、マルチン・ルーサー・キング牧師によってノーベル平和賞候補に推される。1972年、パリ平和会談に仏教団代表として参加。翌年の調印後、その影響力ゆえに、ヴェトナム政府から帰国を拒否される。

その後、パリを拠点に難民の救援活動や仏教の指導にあたる。南フランスにある仏教者の共同体プラムヴィレッジをひらき、現在、そこで亡命生活を送りながら、難民の孤児たちをみずからの子供として育てている。農園を営み、生活と一体となった瞑想を実践している。その一方で、アメリカ、オーストラリア等を訪れ、講演や瞑想の指導も行っている。

翻訳監修：**高橋宣壽**（たかはし・のぶひさ）

1958年、和歌山県出身。高麗大学で韓国語を学びながら、韓国で長く書籍出版の指導に当たる。これまで翻訳監修した本は、『ウンギョンの夢』、『ピアノの天使』（発行・現文メディア）などの児童書をはじめ、政治、文化、芸能など多岐にわたる。

解　説：**中野民夫**（なかの・たみお）

ワークショップ企画プロデューサー。1957年生まれ。大手広告会社勤務の傍ら、人と人・自然・自分自身をつなぎなおすワークショップを実践。明治大学、立教大学院、聖心女子大などの兼任講師、ビーネイチャースクール等でのファシリテーション講座の講師を務める。主著に『ワークショップ』（岩波新書）、『ファシリテーション革命』（岩波アクティブ新書など）

写　真

©Maik Zessin（Zesmai@web.de）

28-29, 31, 36-37, 39, 48-49, 51, 96-97, 99, 100-101, 103, 124-125, 127, 172-173, 175, 196-197, 199, 208-209, 211, 212-213, 215（頁）

©Plum Village

表紙, 24-25, 27, 32-33, 35, 88-89, 91, 104-105, 107, 148-149, 151, 156-157, 159, 160-161, 163, 180-181, 183, 188-189, 191, 216-217, 219, 224-225, 227, 228-229, 231（頁）

ティク・ナット・ハンの

抱擁《ほうよう》

2008年 6月 第1刷発行

著　者　ティク・ナット・ハン
翻訳監修　高橋宣壽
解　説　中野民夫
写　真　Maik Zessin・他
発行者　李起現(イ・ギヒョン)
発行所　株式会社 現文メディア
〒145-0063 東京都大田区南千束1-10-8
電話(03)6413-7691
FAX(03)6413-7693

発売元　株式会社　理論社
〒162-0056 東京都新宿区若松町15-6
電話(03)3203-5791
FAX(03)3203-2422

印刷所　株式会社　現文
〒410-834 大韓民国京畿道高陽市一山東区獐項洞622-19
電話+82-2-790-1424

NDC188
A5変形判　20cm　239p
2008年　6月初版
ISBN978-4-652-06902-8